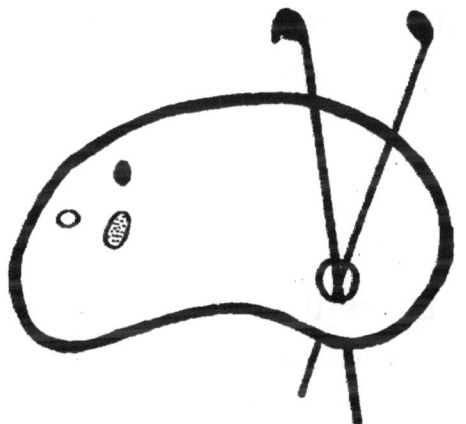

DEBUT D'UNE SERIE DE DOCUMENTS
EN COULEUR

LA BRETAGNE

ET SON HISTOIRE

PAR

ARTHUR DE LA BORDERIE

de l'Institut

LEÇON D'OUVERTURE

Du cours d'histoire de Bretagne professé à la Faculté des lettres de Rennes (4 décembre 1890)

RENNES
PLIHON ET HERVÉ, LIBRAIRES ÉDITEURS
5, rue Motte-Fablet, 5

—

MDCCCXCI

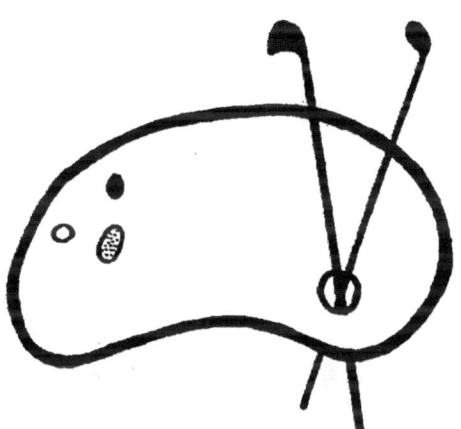

FIN D'UNE SERIE DE DOCUMENTS EN COULEUR

LA BRETAGNE ET SON HISTOIRE

PAR

Arthur de la Borderie
de l'Institut

LEÇON D'OUVERTURE
Du cours d'histoire de Bretagne professé à la Faculté des lettres de Rennes (4 décembre 1890)

RENNES
PLIHON ET HERVÉ, LIBRAIRES ÉDITEURS
5, rue Motte-Fablet, 5

MDCCCXCI

LA BRETAGNE & SON HISTOIRE

Leçon d'ouverture du cours d'histoire de Bretagne,
professé à la Faculté des Lettres de Rennes
(4 décembre 1890).

MESDAMES, MESSIEURS,

Parler de la Bretagne, pour un Breton, c'est déjà un vif plaisir.

Parler de la Bretagne à des Bretons, c'est-à-dire à un auditoire essentiellement sympathique, comme celui que j'ai l'honneur d'avoir sous les yeux, dont le cœur bat à l'unisson du vôtre, dont l'esprit prévient en quelque sorte vos idées, — cela, pour un Breton, c'est mieux qu'un plaisir, c'est une jouissance délectable.

Mais parler de la Bretagne à des Bretons, avec mission de leur exposer l'histoire de leur patrie, c'est-à-dire de retracer à travers les âges et de leur présenter, dans sa gloire et dans ses revers, la grande, l'héroïque image de leur vieille race et de leur vieille terre, de cette mère chérie à laquelle aucun d'entre eux ne peut songer sans émotion, sans attendrissement, — avoir cette noble et haute mission, pour un Breton, Messieurs, je me plais à le dire, c'est un bonheur, un honneur du plus haut prix.

Aussi mon premier devoir est-il ici d'adresser de vives et sincères actions de grâces à ceux de qui je tiens cet honneur, c'est-à-dire à l'autorité universitaire, au Ministre, à M. le

Recteur de l'Académie de Rennes, spécialement à l'éminent doyen de la Faculté des lettres qui, lui, connaît si bien l'histoire de Bretagne, et qui a bien voulu me convier à monter dans cette chaire pour y être son auxiliaire et celui des hommes éprouvés, des professeurs d'une science si sûre, d'un talent si distingué, qui ont donné et qui maintiennent à l'enseignement de notre Faculté rennaise le caractère solide, élevé, généreux, qui lui fait tant d'honneur.

Et maintenant, Messieurs, permettez-moi de me mettre immédiatement en face de mon sujet :

Qu'est-ce que la Bretagne? Qu'est-ce que l'histoire de Bretagne?

L'histoire, Messieurs, peut être considérée sous bien des points de vue, et si je prétendais les épuiser, même en me bornant aux grandes lignes, une telle tâche absorberait sans peine toute cette conférence.

Je veux seulement vous faire observer ici que l'histoire, sous toutes ses formes, est vraiment une œuvre nationale; que, dans tous ses travaux, toutes ses études, toutes ses branches, l'histoire est par excellence la science patriotique.

Son but n'est-il pas de nous faire connaître de plus en plus, de mieux en mieux, dans ses traits les plus intimes, notre race, notre nation, notre pays, la PATRIE! — la grande et la petite patrie, la France et la Bretagne, que nous ne séparons point dans nos cœurs.

Mais les faire connaître, mettre en lumière leurs gloires, leurs vertus, leurs énergies, c'est les faire aimer: plus on les connaît, plus on les aime. Le résultat nécessaire du travail historique, c'est donc de faire tomber, un à un, tous les voiles qui plus ou moins cachaient à nos yeux la grandeur de la Patrie; c'est d'exciter de plus en plus en nous la flamme du patriotisme.

Que si maintenant nous jetons une vue d'ensemble sur l'histoire de Bretagne; si nous envisageons du dehors, pour ainsi dire, son aspect et sa physionomie générale, et si nous la comparons aux autres histoires du même genre, ce qui frappe tout d'abord, c'est qu'elle a incontestablement pour objet et pour matière la plus longue, la plus complète des existences provinciales qui ont fini, tour à tour, par verser leur flot dans le fleuve immense et splendide de l'histoire de France.

Et pourquoi cela, Messieurs? La raison en est bien simple. C'est que la Bretagne est mieux qu'une province, elle est un peuple, une nation véritable et une société à part, non pas — grâce à Dieu! — étrangère à la nation, à la société française, mais du moins parfaitement distincte dans ses origines, parfaitement originale dans ses éléments constitutifs.

Voyez! même encore aujourd'hui, après un siècle de centralisation, d'unification complète, souvent encore dans les livres, dans les discours publics, on parle du *peuple breton*, de la *nation bretonne*, en appliquant ce mot au présent, et sans que nul y trouve à dire. Et à Rennes même, il n'y a pas bien longtemps, dans une circonstance solennelle que je ne veux pas rappeler autrement, mais qu'on n'a pu oublier, n'a-t-on pas entendu le chef de la France à cette époque, saluer officiellement, on peut le dire, la Bretagne de ce nom, de ce titre : *Le peuple breton!*

Maintenant regardez autour de nous les autres provinces, nos sœurs, nos voisines, pour lesquelles nous avons les sentiments de l'amitié la plus sympathique. Même cette Normandie qui a une histoire, une existence si grande, si illustre, qui a des traditions universitaires où il est question de la « nation normande, » malgré cela je ne vois pas qu'on fasse mention aujourd'hui du *peuple normand*. Qui a jamais songé à saluer nos excellents voisins les Angevins, les Poitevins, du nom de nation angevine ou nation poitevine? Et si quelqu'un s'avisait de parler, par exemple, du peuple manceau ou du peuple berrichon, il aurait peut-être du succès, mais ce serait, je crois, un succès d'hilarité.

C'est que ces populations, ces contrées, n'ont jamais été que des fractions, des membres d'un tout, soit la Gaule, soit la France, fractions fort honorables, glorieuses, illustres; mais aucune d'entre elles ne possédait le germe d'une originalité nationale, aucune au moins n'a développé ce germe de façon à fournir une carrière indépendante, une vie spéciale, autonome, individuelle, assez longue pour constituer l'existence d'un peuple.

Chez les Bretons, au contraire, il y a d'abord le principe essentiel de l'originalité nationale, c'est-à-dire une langue.

Et quelle langue, Messieurs!

Celle-là même que notre Brizeux appelle « *l'idiome d'or depuis l'Inde parlé.* »

Cette langue, c'est le vénérable débris, le dernier reste encore vivant en France, de la langue de nos premiers ancêtres nationaux, les Celtes, nos vrais pères, dont les traits originels, malgré toutes les influences romaines et germaniques venues à la traverse, marquent encore d'une empreinte si apparente et indélébile le caractère français.

Et si, par suite des vicissitudes historiques, cette vénérable langue celto-bretonne n'est plus parlée que dans une partie de la Bretagne, dans l'autre partie même, dans celle d'où elle s'est retirée, ses traces, son influence sont partout; partout elle est respectée, honorée comme la langue des aïeux, et c'est au milieu de la Haute-Bretagne qu'elle a aujourd'hui son temple, son conservatoire, dans le cours de langue et de littérature celtique professé ici même, à la Faculté des lettres de Rennes, avec tant de science et de talent, par l'un des meilleurs celtisants que possède la France (1).

Mais une langue ne suffit pas pour constituer un peuple, surtout pour lui donner à travers les âges une existence propre, une physionomie originale, une indépendance résistante, une histoire longue et glorieuse.

Il faut encore que ce peuple ait un caractère, un caractère tranché et — surtout si c'est un petit peuple — fortement

---

(1) M. J. Loth.

trempé, car il aura à repousser bien des assauts, à subir bien des épreuves.

Un caractère, c'est-à-dire un ensemble de qualités et de défauts, d'idées, de sentiments, de traditions et d'habitudes, qui donnent à un peuple et à une race une personnalité distincte, une individualité propre, bien accentuée.

Il y a des races d'un naturel si facile qu'il subit docilement, et tour à tour toutes les influences du dehors; d'une pâte si malléable et si molle qu'elle ne peut garder aucune empreinte. Ces races n'ont point de caractère, ou il est tellement effacé et banal, qu'on a peine à le discerner; leur histoire, si elles en ont, n'est jamais qu'un appendice ou un reflet de celle du voisin.

Est-ce là le cas des Bretons ?

Nous pouvons, je crois, hardiment répondre : Non.

Les Bretons ont un caractère, et il y a un caractère breton; et parce que ce caractère est le nôtre, ce n'est peut-être pas une raison suffisante pour ne pas lui rendre justice.

Allons à l'autre bout de la France, dans une ville du Nord, du Midi, de l'Est, peu importe. Dans cette ville arrive un étranger, on va aux informations, et si l'on répond : « C'est un Breton, » hé bien, l'impression est bonne.

C'est là, Messieurs, un fait certain, un fait d'expérience dont nous pouvons bien par conséquent convenir entre nous : les Bretons, au dehors, ont bonne renommée, — et, si vous voulez me permettre une expression un peu familière, ils sont bien cotés sur la place.

Mais encore quel genre d'homme se représente-t-on, quand on dit de quelqu'un : C'est un Breton ?

On imagine un caractère franc, loyal, de relations très sûres, indépendant, ennemi de l'oppression et de la bassesse, esprit ouvert, cœur généreux, volonté tenace, oh! très tenace, parfois jusqu'à l'obstination, jusqu'à l'entêtement, dans ses résolutions, ses sentiments, ses idées.

L'entêtement est certainement un défaut; néanmoins vous le voyez, Messieurs, l'impression générale est bonne.

Que si de cet étranger, nouvel arrivant, l'on disait par exemple : C'est un Gascon, c'est un Picard, c'est un Normand, — assurément l'impression serait autre. Je ne dis pas, Dieu m'en garde, qu'elle serait moins bonne, mais seulement qu'elle serait différente.

Eh bien, Messieurs, le caractère du Breton, tel que je viens de l'esquisser, c'est aussi le caractère de la race bretonne dans l'histoire. C'est une race dure et résistante avant tout, ayant horreur du joug, et détestant d'autant plus la fourbe et la ruse qu'elle en est souvent victime et ne sait pas — même par réciprocité — la pratiquer.

Nos ancêtres, les Bretons primitifs, c'est-à-dire les premiers qui ont habité notre pays, notre péninsule armoricaine, sortirent il y a quatorze siècles, de la Grande-Bretagne, de l'île de Bretagne, la seule Bretagne qui existât encore. Chassés de là par les grandes invasions barbares, ils vinrent s'établir dans notre presqu'île, alors aux trois quarts déserte. Ils étaient là à l'extrémité du monde; si là on les poursuivait encore, plus de refuge : il fallait ou se soumettre, se laisser dompter, absorber, ce qu'ils ne voulaient pas, ou se défendre jusqu'à la mort.

Ils furent attaqués et même très vite dans ce dernier refuge, ils y soutinrent une lutte de dix siècles, — d'abord assaillis par les Franks Mérovingiens, puis par Charlemagne au faîte de sa puissance, avec toutes les forces de son empire, ensuite par les invasions normandes, puis encore par les Plantagenet, ces puissants rois d'Angleterre, par les rois Capétiens de France, etc. Ils résistèrent constamment, intrépidement, par toute fortune. Oh! souvent ils furent vaincus, plus d'une fois on les crut domptés, finis, anéantis. Erreur : quelques années après on les voyait reparaître, profiter d'une chance heureuse, reprendre leur indépendance et s'épanouir de nouveau dans leur liberté. Par leur entêtement à vivre, et à vivre libres, ils vinrent à bout de leurs plus terribles adversaires, et ils vainquirent leurs vainqueurs.

Cela pendant dix siècles. Jusqu'au jour où, se laissant tomber enfin du côté où ils penchaient visiblement depuis quelque temps, ils se donnèrent par une alliance bénie à la France, dont ils ont été depuis lors les fils les plus dévoués, les plus vaillants défenseurs.

Ils se donnèrent — ils se donnèrent sans partage, mais non sans réserve.

Ils renoncèrent à leur indépendance nationale, ils conservèrent leur liberté administrative, la forme libérale de leur gouvernement, — les lois nouvelles, les impôts nouveaux ne pouvant être établis chez eux sans le consentement de leurs États.

Pendant que le reste de la France (1) portait le joug d'un absolutisme longtemps glorieux, mais toujours très abusif, déplorable dans ses résultats, la Bretagne conservait, non sans luttes, non sans obstacles, non sans sacrifices, mais enfin elle conservait jusqu'au bout, jusqu'en 1789, le bienfait d'un gouvernement modéré, où les affaires du pays étaient examinées, délibérées dans l'assemblée des représentants du pays.

La Bretagne gardait ainsi dans une large mesure son existence particulière, son autonomie. Elle la garda jusqu'au jour où tout changea en France : et ce jour-là, il y avait quatorze siècles que les Bretons venus de l'île de Bretagne avaient planté en Armorique leurs premières colonies.

Quatorze siècles, voilà le champ de l'histoire de Bretagne; voilà la durée de la vie propre et particulière de la Bretagne : avais-je tort de dire, Messieurs, en commençant, que c'est la plus longue, la plus complète des existences provinciales, dont les rayons sont venus tour à tour se grouper en nimbe sur la tête de la grande patrie française?

Si la Bretagne a fourni cette longue et glorieuse carrière, elle le doit surtout, évidemment, à cette force de résistance, à cette ténacité et cette obstination dans le bien et dans le juste, qui est la caractéristique de la race.

(1) Sauf, bien entendu, les trois ou quatre autres provinces qui avaient conservé leurs assemblées d'États.

Ce caractère se retrouve dans ses héros. Prenons le plus connu, le plus grand peut-être, Du Guesclin. C'est un petit gentilhomme, qui a des moyens d'action fort bornés, qui ne semble pas fait pour imprimer aux destinées de la France une nouvelle direction. Mais dans sa tête de Breton il a mis l'idée bien arrêtée de chasser les Anglais de France. Il ramasse une petite bande, il harcèle l'ennemi, le traque, lui fait la guerre de partisan, lui prend quelques châteaux, et bientôt lui inspire une vraie terreur par son indomptable audace. Le roi lui donne un commandement et quelques troupes, il agrandit le cercle de son action et poursuit imperturbablement — jusqu'à sa mort — sa chasse à l'Anglais : le plus souvent battant, souvent battu aussi, mais jamais abattu, ne renonçant jamais à une entreprise qu'il ne l'ait menée à bien, joignant à une bravoure sans égale un sens pratique exquis de toutes les choses de la guerre, méprisant dans sa loyauté irréprochable les imaginations, les exagérations ridicules de la chevalerie, ne visant qu'au solide, au salut du peuple et du pays. — Après avoir poursuivi vingt ans sans relâche cette tâche patriotique, quand il mourut, l'Anglais, au lieu d'occuper la moitié de la France, était réduit à Bordeaux et à un morceau de la Guienne. Du Guesclin avait réparé les ruines de Créci et de Poitiers. Son obstination bretonne avait fait de lui le Libérateur — en attendant la grande Libératrice, l'héroïne à laquelle la France doit des autels — Jeanne d'Arc, — qui elle-même se présente aux hommages de la postérité entre deux Bretons : Du Guesclin son précurseur, le connétable de Richemont, son continuateur et son vengeur.

Ainsi, Messieurs, la Bretagne, notre Bretagne, c'est une langue, — la langue sacrée des aïeux ;

La Bretagne, c'est un caractère, un caractère national, bien tranché, bien trempé ; par là même c'est un peuple, non pas seulement une province, mais une nation qui a eu son existence propre, originale, indépendante ;

La Bretagne, c'est cette longue et glorieuse histoire — mais c'est autre chose encore — car si c'était cela seulement, ce ne serait peut-être pas suffisant pour expliquer l'attachement passionné que lui portent ses fils, et non seulement ses fils d'origine, mais bien d'autres qui, pris par son charme, se donnent à elle de tout cœur et méritent assurément des lettres de grande naturalisation.

De notre Bretagne aussi, en effet, on peut dire avec Racine :

> D'où lui viennent de tous côtés
> Ces enfants qu'en son sein elle n'a point portés?

C'est que la Bretagne n'est pas seulement une langue, un caractère, un peuple, une histoire : la Bretagne, en outre, est une poésie.

Une poésie dans le présent comme dans le passé.

Dans le passé, par les splendides exploits de nos héros, par les adorables légendes de nos vieux saints, qui sont d'autant plus belles qu'elles sont plus vraies; car ne vous y trompez pas, Messieurs, la vérité historique a sa poésie, plus forte, plus intime, plus pénétrante que celle des fables et des imaginations suspectes. Je parle donc de ces légendes *vraies*, qui nous montrent, aux premiers temps de notre histoire, les barques fugitives des Bretons insulaires chassés de la Grande-Bretagne par les Barbares, traversant la Manche sous leurs voiles blanches et venant par bandes, par flottes successives, sous la conduite de leurs évêques et de leurs chefs de clan, aborder aux côtes de notre péninsule, alors encore infectée de paganisme, aux trois quarts inculte, toute chargée de forêts sauvages uniquement habitées par les fauves; et là, pour nourrir ces pauvres émigrés, les prêtres, les moines bretons se faisant bûcherons, ouvriers, agriculteurs, jetant bas les forêts, défrichant le sol qui de nouveau se couvre de blondes moissons, bâtissant des villages, organisant des *plou* (tribu et paroisse tout à la fois), et partout prêchant l'Évangile, plantant la croix, non seulement sur les grands rochers de la côte, mais dans le cœur de ce nouveau peuple créé par eux, et l'y plantant si profondément, si solidement, que les siècles et les siècles passeront, passeront encore, sans qu'on l'en puisse arracher.

Et nos héros! Si j'en voulais seulement faire la liste, je pourrais (Dieu m'en préserve!) vous tenir ici jusqu'à demain. Je me bornerai à rappeler très brièvement quelques-unes de nos héroïnes : Jeanne de Montfort et Jeanne de Penthièvre, par exemple, dont les fières et gracieuses figures traversent, comme de blanches visions, les rudes et cruelles batailles de notre XIV° siècle, la guerre de Blois et de Montfort, — et surtout notre dernière souveraine, Anne de Bretagne, qui durant son règne breton, donna au monde un spectacle unique, vraiment admirable : une fille, une enfant de douze à quinze ans, sans parents, sans amis, sans trésor, sans armée, presque sans villes, et seule, abandonnée, trouvant dans son cœur, dans la fierté virile de son âme, dans le sentiment héroïque de son patriotisme et de sa dignité, la force de maintenir pendant trois ans, contre les armées d'un tout-puissant adversaire, le nom, l'honneur, le drapeau, l'indépendance de la nation bretonne qui l'avait proclamée pour sa souveraine ; puis, par une résolution généreuse, acceptant enfin la tâche de conclure la grande et glorieuse alliance du duché breton avec la France. Aussi le peuple, voyant en cette princesse la suprême et radieuse incarnation du génie de la Bretagne a gardé jusqu'à nos jours son souvenir, et il la salue encore du nom de la *Bonne Duchesse*.

...Mais je m'en aperçois, Messieurs, je viens de commettre une erreur, que je vous demande la permission de rectifier.

J'ai dit qu'aux derniers moments de sa lutte pour l'indépendance bretonne, Anne de Bretagne s'était vue abandonnée de *tous :* c'est inexact. Il y eut une ville du moins qui lui resta fidèle jusqu'au bout, à elle et à la cause de la Bretagne ; cette ville, Messieurs, c'est la vôtre, la noble ville de Rennes... C'est Rennes qui, le lendemain de la victoire des Français sur les Bretons à Saint-Aubin du Cormier, sommée de se rendre au vainqueur, répondit à ses envoyés par un refus, avec ces

fières paroles : « Nous ne craignons le roi ni toute sa puissance!
» Portez cette joyeuse réponse à votre maître, car de nous
» n'aurez autre chose pour le présent. »

La poésie de la Bretagne dans le passé, la voilà.

La poésie de la Bretagne dans le présent, elle est sous nos yeux ; pour la voir il suffit de les ouvrir.

C'est la terre bretonne elle-même, avec ses harmonies naturelles, souriantes ou mélancoliques, toujours variées, toujours attrayantes, toujours splendides, avec ses grands paysages de terre et de mer : dans l'intérieur, les vallées moussues où gazouillent les ruisseaux et se cachent les petites chapelles; les collines plantées de chênes, couronnées de vieilles tours féodales ou de clochers en pyramide; les forêts couvrant les croupes rocheuses de leurs immenses tentures d'un vert sombre; les sommets des monts Arez découpant tristement sur le ciel leurs têtes dénudées;

Sur les côtes, des promontoires géants (Fréhel, la pointe du Raz), pareils à de sauvages forteresses qui s'élancent dans les flots pour provoquer, pour exciter leur fureur ; des baies entourées de collines verdoyantes, qui rient comme de grands lacs bleus (Perros-Guirec, Douarnenez); des îles hérissées de roches tranchantes semblables à des griffes gigantesques, énormes monstres marins toujours grondants et menaçants (Bréhat, Quiberon); de petites anses enfoncées dans les terres, bordées d'un sable d'or fin chauffé par le soleil, avec de grands chênes, au fond, trempant leurs branches dans la mer, comme à la Forêt-Fouesnant;

En un mot, tous ces aspects si divers, souvent si opposés, mais toujours pittoresques, toujours charmants ou grandioses, dont le caractère, la succession et l'infinie variété font d'une promenade en Bretagne, surtout sur les côtes ou dans les belles vallées de l'intérieur, un enchantement continu.

Outre cette poésie, s'exhalant de la terre bretonne comme un parfum naturel, la Bretagne en a une autre encore, plus originale peut-être et que l'on ne trouve nulle part ailleurs au même degré.

C'est celle qui émane des mœurs, des coutumes, des croyances, des traditions si curieuses, si colorées, si naïves, souvent si touchantes, conservées par les populations rurales, surtout dans la Bretagne bretonnante : poésie rustique dont la fraîcheur embaume comme une senteur d'aubépine, et que Brizeux appelle si heureusement une *vivante harmonie*, au début de son poème des *Bretons*, où, parlant de son retour en Bretagne, il dit :

......Bientôt vint cette lande immense
Où, comme en un désert, la Bretagne commence ;
La rivière profonde, un menhir isolé,
Et l'idiome d'or depuis l'Inde parlé ;
La mer enfin, la mer ! les chênes au vert sombre ;
Près des champs de blé noir les hameaux couverts d'ombre ;
Des pèlerins passaient, leurs longs cheveux épars,
Et tout charmait mon âme, enivrait mes regards.
Le premier entre tous, ô VIVANTE HARMONIE !
Si ma voix t'a chantée, et si tu l'as bénie,
A ton appel encor j'accours ; je redirai,
Avant qu'il meure aussi, cet ensemble sacré.
Ta couronne est tombée, antique souveraine !
Mais ta grâce rustique est si douce et sereine,
Que ces vers consacrés à tes humbles beautés,
Chers aux Bretons, ces vers seront partout chantés.

Brizeux, Messieurs, vous le savez, est le chantre par excellence de cette Iliade rustique ; avec un art d'une grâce, d'une simplicité exquise il a su exprimer la poésie actuelle de la Bretagne, il en a rempli son œuvre ; et comme il l'annonce ici, ses vers ont été et ils sont encore *partout chantés*, c'est-à-dire, lus, goûtés, admirés partout. Partout ils ont porté, partout ils propagent tout à la fois la gloire de la Bretagne et celle de ce grand Breton, de ce grand poète.

Aujourd'hui, hélas ! Brizeux n'est plus, mais le champ de la poésie bretonne n'est pas pour cela, grâce à Dieu, menacé de rester en friche.

Il y a d'abord ces recueils si intéressants de chants populaires, si bien faits, chacun dans leur méthode et leur système, le *Barzaz-Breiz* (1), les *Gwerziou* et les *Soniou Breiz-Izel* (2), auxquels il faut joindre aussi notre joli recueil des *Chansons populaires d'Ille-et-Vilaine* (3).

En outre, vous le savez, Messieurs, de la tombe de Brizeux est née toute une moisson de poètes, que dis-je? tout un Parnasse — le *Parnasse Breton* — qui a fait, il y a peu de temps, une brillante entrée dans le monde et qui a de nombreuses recrues. Toutes ces recrues, sans doute, ne sont pas des Brizeux; cela en ferait beaucoup. Mais il y a dans cette armée des capitaines et des soldats. Les capitaines sont en passe de devenir des maîtres; les soldats sont tous pleins du plus beau zèle pour la poésie et pour la Bretagne. Donc, honneur à eux!

Oui, honneur aux Bretons qui aiment leur pays et qui le servent, qui en font l'objet de leurs soucis et de leurs études, qui le louent et qui le glorifient!

Pour moi, après avoir consacré ma vie aux travaux et aux préoccupations de ce genre, ma présence ici n'a d'autre motif, je l'avoue, que le désir de propager dans le public breton, spécialement dans le public si intelligent de la ville de Rennes, la passion de la Bretagne, si l'on peut ainsi parler, c'est-à-dire le goût vif, intelligent et pratique, de l'étude de la Bretagne dans le présent et dans le passé, dans son histoire et ses monuments, sa langue, sa littérature, ses mœurs et ses coutumes, ses sites admirables, en un mot dans tout ce qui fait sa gloire et son charme, son attrait et sa grandeur.

Quelle que soit, Messieurs, l'insuffisance, la faiblesse des paroles que je vous ai adressées, ce que je viens de vous dire a pu vous faire comprendre combien elle est noble et haute, combien elle est spécialement intéressante pour les Bretons, cette cause que j'ai l'honneur de plaider près de vous, cette cause de la Bretagne

---

(1) Publié par M. de la Villemarqué.
(2) Par M. Luzel.
(3) Par M. L. Decombe. M. Orain en a aussi publié de fort curieuses.

et de son histoire; combien elle mérite d'être embrassée, soutenue, défendue par vous.

Défendue, dites-vous, et contre qui?

Contre l'ignorance d'abord, — car, comment aimer son pays autant qu'il le mérite quand on ne le connaît pas, quand on ignore la grandeur du peuple, de la race, à laquelle on appartient?

Et aussi encore, contre les conséquences déplorables de cette ignorance — qui sont, entre autres, le mépris du passé et la destruction de ses monuments. Hélas! combien de monuments précieux pour l'art et pour l'histoire, victimes de cette ignorance, ont déjà péri sous les coups du fléau stupide et destructeur qui s'appelle le *vandalisme!* Combien d'autres encore sont menacés! Je n'en puis dire plus long en ce moment sur ce sujet — mais l'histoire du vandalisme en Bretagne est bien instructive, en même temps, hélas! bien lamentable; elle serait dans tous les cas bien curieuse, elle mérite d'être faite, nous pourrons y consacrer ultérieurement, si vous le voulez, un de nos entretiens. Elle vous prouvera la nécessité, la nécessité urgente d'une ligue — d'une ligue du bien public — contre les ravages de ce fléau impie et dévastateur.

Pour l'instant, contentons-nous de lui jeter, par la bouche de Brizeux, cet anathème :

> L'artiste couperait ses deux mains, nobles pierres,
> Avant de mutiler ce qu'on ne refait pas;
> Mais cloitres et donjons, autels, sont des carrières
> Pour ces froids constructeurs qui n'ont que leur compas.
>
> De la tombe d'Arthur ils feraient une borne!
> Ils n'ont plus de patrie, et l'argent est leur dieu.
> ....

Avant de terminer, Messieurs, je dois vous indiquer brièvement le plan de ce cours.

Mon désir, c'est d'étudier avec vous, dans le détail, avec toutes leurs circonstances intéressantes, les principaux événements, les principales époques de l'histoire de Bretagne. Car seule l'étude détaillée, circonstanciée, minutieuse, des hommes et des choses du passé peut nous en révéler le sens et la physionomie véritable; seule aussi elle peut, en certains cas, amener des découvertes qui ouvrent à la science historique de nouvelles directions ou au moins des aperçus nouveaux.

Mais avant de venir à cette étude détaillée, il est nécessaire de tracer devant vous une esquisse générale de l'histoire de Bretagne dans son ensemble.

Si j'avais à vous parler de l'histoire de France, de l'histoire romaine ou de l'histoire grecque, je pourrais me dispenser de ce préliminaire. Ces histoires dans leurs grandes lignes et dans leurs éléments essentiels faisant partie de l'enseignement secondaire, un auditoire lettré les possède suffisamment pour pouvoir suivre, sans préparation, l'étude détaillée d'une époque spéciale ou d'un événement particulier.

Pour l'histoire provinciale, il en va autrement. Jusqu'à présent on ne l'enseignait nulle part; en ce qui touche celle de la Bretagne, il n'en existe pas même un seul bon abrégé, et très peu de personnes ont assez de loisir pour consulter les grandes et savantes publications des Bénédictins. Il y a donc lieu de présumer qu'elle est généralement ignorée ou du moins très mal connue. Avant de nous livrer à l'étude approfondie des principaux événements, il est donc indispensable de présenter de cette histoire un tableau général, une esquisse à grands traits, mais exacte, sans laquelle les recherches spéciales que nous pourrions entreprendre sur tel ou tel point seraient souvent assez difficiles à suivre et courraient risque d'être mal comprises.

Nous commencerons donc, Messieurs, par vous soumettre cette esquisse, dont le développement n'occupera probablement pas toute la saison. Nous aborderions ensuite l'étude détaillée d'une des plus intéressantes périodes de l'histoire de Bretagne, et dans laquelle Rennes a joué un grand rôle, la guerre de Blois et de Montfort.

Pour vous donner idée de ce que sera la première partie de ce cours, permettez-moi de tracer ici en quelques mots la division générale de l'histoire de Bretagne.

La vie de l'homme se partage naturellement en trois périodes : jeunesse, âge mûr et vieillesse. De même, toute société, toute nation dont l'existence est complète et qui en a épuisé le cycle normal, a, elle aussi, ces trois âges : période de formation et de croissance, période d'épanouissement et de maturité, période de décroissance et de déclin.

Appliquée à notre histoire provinciale, cette idée nous en fournit la division la plus simple et la plus naturelle à la fois.

La période d'épanouissement pour la Bretagne, c'est celle où, sous le titre de *duché* et sous la condition d'un hommage purement nominal envers la France, elle jouit en réalité d'une existence nationale respectée de tous et d'une complète indépendance. Après cette période, la Bretagne, comme vie politique et nationale, décroît, puisqu'elle tombe au rang de province. Avant cette période, elle n'est encore sûre ni de son indépendance politique ni de son existence nationale; elle lutte péniblement pour conquérir l'une et l'autre.

Ainsi se dessine d'elle-même la division de toute cette histoire en trois grandes périodes :

1° Les origines bretonnes ou l'établissement de la nation bretonne en Armorique;

2° La Bretagne duché;

3° La Bretagne province.

La première de ces périodes s'étend depuis l'aurore des temps historiques jusqu'à l'expulsion des envahisseurs normands hors de la péninsule brito-armoricaine, c'est-à-dire depuis César jusqu'à Alain Barbetorte, depuis l'année 56 avant Jésus-Christ jusqu'à l'an 938 de l'ère chrétienne.

La seconde embrasse six siècles, de l'an 938 à l'an 1532, date de l'union définitive de la Bretagne à la France.

La troisième et la plus courte commence en 1532, pour finir dans la célèbre nuit du 4 août 1789.

Plus tard, quand nous étudierons successivement ces trois grandes périodes, nous verrons que chacune d'elles se subdivise également d'une façon très naturelle en trois époques. Et ainsi cette division tripartite, si chère aux vieux chroniqueurs, aux vieux bardes de la race bretonne, se retrouve par un sort étrange imprimée en traits profonds dans l'histoire des Bretons du continent.

Un mot encore, Messieurs, et j'ai fini. Tout ce long discours que je vous ai tenu, que vous avez eu la patience d'écouter avec tant de bienveillance, peut se résumer en deux mots : c'est l'éloge, fort incomplet sans doute, mais enfin, comme je l'ai pu faire, c'est l'éloge de la Bretagne, pas autre chose. — J'en conviens, Messieurs, et en traçant cet éloge selon mes faibles moyens, j'ai cru faire, je l'avoue, acte de bon Breton, mais aussi et au même titre, de bon Français.

Cependant, peut-être un critique viendra-t-il dire: « Que nous parlez-vous de Bretagne? De Bretagne, il n'y en a plus et il n'en faut plus. C'était une province d'ancien régime, et depuis plus d'un siècle, elle a, comme toutes les autres, renoncé à ses franchises, à son existence. Est-ce donc faire œuvre de bon Français, que de venir exalter ainsi le sentiment et le patriotisme bretons, agiter ainsi le drapeau de la Bretagne? »

— Car cela, oui, Messieurs, je l'ai fait, si c'est un crime je le confesse, j'ajoute même que je suis prêt à recommencer.

Mais prenez garde, dirai-je au critique, vous confondez deux choses très diverses. Est-ce donc qu'en déposant, il y a un siècle, ses franchises et son organisation distincte, chaque province a en même temps abjuré son esprit et son caractère particulier, son énergie propre, en un mot la part spéciale apportée par elle au grand trésor dont se composent la force et le génie de la France? Aucune province ne l'a fait ni ne pouvait le faire : ç'aurait été appauvrir et diminuer la patrie commune.

L'esprit distinctif de la Bretagne, son énergie native et caractéristique, je l'ai dit et tout le monde le sait, c'est son esprit de stabilité, sa force incalculable de résistance : résistance au mal, à l'injustice, à l'oppression, surtout à l'invasion étrangère qui attaque le sol et le cœur de la patrie.

Aussi, dans tous les grands périls de la France, même avant l'union, toujours en tête de la résistance, on trouve des Bretons, et souvent des plus illustres, comme Du Guesclin, Clisson, Richemont.

Donc étudier la petite patrie, son génie et son histoire, exalter ses héros, c'est faire une œuvre utile à la grande patrie, à la France. Remettre en lumière les grandes figures des Bretons d'autrefois, c'est dire à ceux d'aujourd'hui :

— Voilà vos pères, enfants, ne dégénérez pas! Comme ils ont aimé la France et la Bretagne, aimez-les toutes deux; comme ils les ont servies, servez-les. Ces deux amours aujourd'hui n'en font plus qu'un, dont l'ardeur doit être double, — comme aussi soit double la force de vos cœurs et de vos bras, le jour où il faudra défendre la patrie, et où la France une fois encore s'écriera : *Bretagne, en avant!*

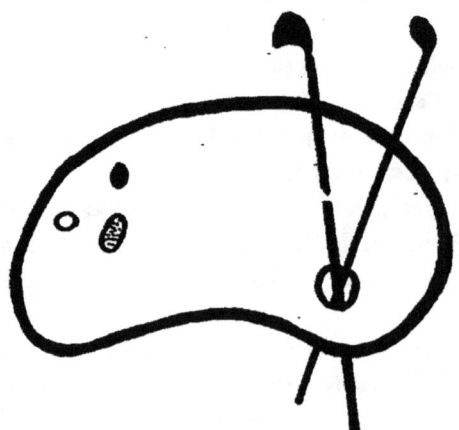

ORIGINAL EN COULEUR
NF Z 43-120-8

www.ingramcontent.com/pod-product-compliance
Lightning Source LLC
Chambersburg PA
CBHW070457080426
42451CB00025B/2780